DE L'EUROPE,

A L'ÉGARD

DES

NOUVEAUX ÉTATS
DU SUD DE L'AMÉRIQUE.

LE NORMANT FILS, IMPRIMEUR DU ROI,
rue de Seine, n° 8, faubourg Saint-Germain.

DE
L'EUROPE,

A L'ÉGARD

DES

NOUVEAUX ÉTATS

DU SUD DE L'AMÉRIQUE.

PAR M. COUSTELIN.

PARIS.

TOUS LES MARCHANDS DE NOUVEAUTÉS.
1825.

DE L'EUROPE,

A L'ÉGARD

DES

NOUVEAUX ÉTATS

DU SUD DE L'AMÉRIQUE.

———

Les traités de commerce que l'Angleterre vient de conclure avec les nouveaux États du sud de l'Amérique, fournissent une abondante matière à la polémique de nos publicistes. Chacun des deux partis qui nous divisent, reproduit dans cette discussion les argumens qu'il croit propres à faire triompher ses doctrines favorites; néanmoins on est contraint d'avouer que les écrivains libéraux ont sur leurs adversaires l'avantage d'être toujours conséquens. En effet, s'ils demandent la reconnoissance de l'émancipation du prétendu royaume d'Haïti, l'indépendance de la Grèce, ils veulent aussi celle de l'Amérique, et forment des vœux pour la liberté de tous les peuples d'outre-mer qui reçoivent la loi des puissances européennes. Les royalistes, au contraire, invoquent tantôt les principes de la légitimité, tantôt ils se laissent entraîner à soutenir des opinions qui lui sont opposées, alors qu'il seroit le plus urgent de les combattre, par cela même qu'elles ont acquis une certaine consistance. Par exemple, tandis qu'ils désirent que l'on prenne des mesures efficaces, afin de soustraire les colonies qui nous restent aux menées des factieux, ils pressent la Sainte-Alliance de s'armer pour aller prêter main-forte aux révoltés de l'Orient, et de là courir réduire les Américains au joug des Espagnols; ils ne trouveroient pas mauvais non plus que le gouvernement reconnût à Boyer l'empire de Saint-Domingue, au préjudice du Roi de France, en même temps qu'il sanctionneroit le meurtre et là spoliation de nos compatriotes.

Cette inconcevable affection philantropique pour tout ce qui porte l'épiderme noire est prodigieusement devenue à la mode. Que le fils d'un Français dépossédé s'avise de réclamer l'héritage de son malheureux père, mort sous

le poignard de ces monstres d'Afrique, tout
aussitôt mille voix s'éleveront pour étouffer la
sienne; pas une n'osera prendre sa défense.
Est-ce le danger d'une expédition contre cette
colonie qui nous effraie? Eh quoi! on voudroit que l'Espagne pauvre, affoiblie par ses
divisions intestines, reconquît un empire
occupé par environ 12 millions d'habitans,
et que la France tranquille, riche, florissante, reculât devant l'entreprise de soumettre
250 mille de ses sujets rebelles!

Entièrement désintéressé dans cette affaire,
je me mets l'esprit à la torture pour me
rendre compte des motifs qui portent des
honnêtes gens à appuyer de leurs talens la
cause des Nègres.

Que les Grecs, les Américains se révoltent
pour ressaisir le patrimoine de leurs ancêtres,
c'est là, j'en conviens, une question sujette à
la controverse; mais de quel droit des esclaves
légalement vendus et achetés, et transportés
à Saint-Domingue pour cultiver des propriétés
françaises, ont-ils pu en devenir possesseurs
légitimes par le seul fait d'en avoir égorgé les
maîtres? Où est la législation qui confère le bien
des victimes à leurs bourreaux? Il est proba-
ble qu'elle est encore à faire; et je conçois

sans peine que les hommes qui n'ont rien à perdre aimeroient beaucoup qu'elle s'introduisît parmi nous, ils y auroient tout à gagner; mais les riches seroient-ils aises que la populace et leurs valets pussent imiter ces *doux* Africains? Oh! diront-ils, cela n'est point à redouter; nous avons en France une police, une gendarmerie, des tribunaux qui protègent nos personnes et nos propriétés : fort bien ; ainsi donc les spoliés de Saint-Domingue ne l'auroient été justement que parce que l'action conservatrice du pouvoir leur a manqué ; alors, pourquoi la justice condamne-t-elle à la restitution des objets volés et à la potence les brigands de grands chemins? Ils ont agi également en l'absence de l'autorité tutélaire.

J'entends sans cesse parler de l'inhumanité de la traite des Nègres ; pour que je fusse dans le cas de bien apprécier la vertu de ces doléances, il faudroit qu'on y joignît un exposé comparatif du bonheur qu'ils goûtoient chez eux et des cruautés qu'ils avoient à souffrir dans nos colonies; après cela, je diroin encore : Achetez des esclaves, puisqu'il y en a à vendre, et faites des règlemens pour améliorer leur sort.

Je serois charmé que les Anglais qui ont

été les premiers à proclamer leur indépendance, apparemment parce que d'autres nations profitoient concurremment avec eux
des avantages de la traite, me fissent connoître
tous les agrémens de la liberté dont jouissent
les Indiens qu'ils ont soumis à leur joug avec
tant de douceur et de loyauté.

En somme, je me permettrai de faire observer à nos Lucullus philosophes que, puisqu'il leur faut des amusemens, des salons
somptueusement décorés, une table splendide
et des équipages magnifiques, il est de toute
nécessité qu'il y ait des hommes voués à travailler pour leur service ; que, s'étant fait un
besoin dont ils ne pourroient se passer, du
café, du sucre et des épices qui croissent dans
des climats brûlans, ils doivent avoir à leur
disposition des indigènes qui soient *obligés* de
cultiver ces productions ; sinon, ils les négli-
geront, vu qu'ils n'en font point usage pour
eux-mêmes, et s'abandonneront à la mollesse
à laquelle la chaleur du pays les invite.

Je ne crois pas que l'on puisse contester que
la légitimité de la Porte-Ottomane sur la
Grèce ne soit aussi légalement établie que
celle de l'Espagne sur le Nouveau-Monde. Le
prétexte de l'identité de notre dogme religieux

avec celui des Grecs ne sauroit être admis en politique, ni motiver une exclusion du droit à la justice universelle des peuples qui ont une croyance différente de la nôtre. Autant vaudra-t-il reconnoître tout de suite que c'est avoir mérité le supplice que d'être né à Constantinople, et insérer dans le Code diplomatique que le même fait sera réputé crime ou vertu, selon la croyance que professera la nation qui s'en rendra coupable. L'homme véritablement religieux doit honorer et estimer ceux qui suivent scrupuleusement la foi de leurs pères. Mais il y a une infinité de cultes divers sur notre globe : qu'on veuille bien me dire si cette exclusion au droit des gens n'est applicable qu'aux sectateurs de Mahomet; si, après eux, on n'en viendra point aux juifs, aux luthériens, aux calvinistes; car nous savons, par une cruelle expérience, que les rapprochemens des dogmes ne rendent les haines que plus invétérées et les guerres plus sanglantes; et si, après nous être bien déchirés, il ne faudra point que nous allions exterminer les infidèles qui occupent les autres parties de la terre. Il est surprenant que dans le siècle prétendu des lumières on cherche à ressusciter ces querelles. Je me propose de traiter ce chapitre en temps plus op-

portun ; et quand je voudrai combattre les dis-
ciples de la philosophie, je citerai à ce sujet
les écrits de leurs maîtres : pour convaincre
les écrivains religieux, je leur rappellerai la
parole de Dieu, qui nous commande de regarder tous les hommes comme des frères.

Il est un autre grief que les apologistes des
Grecs reprochent aux Turcs, c'est de ne point
s'être amalgamés aux vaincus : ils appuient
leurs raisonnemens sur des faits historiques
qui ne se rapportent point à eux. Si plusieurs
conquérans, à la tête de quelques milliers de
soldats, sans lois, sans religion, durent adopter
celle des peuples qu'ils venoient de vaincre,
les Musulmans, à l'époque qu'ils se rendirent
maîtres de l'empire de Constantin, formoient
une nation florissante, et avoient une religion
dont ils sont idolâtres. Ce qui m'étonne de leur
part, c'est qu'ils n'aient pas employé des moyens
plus sévères pour obliger leurs sujets dissidens
à embrasser l'islamisme : les revers qu'ils en-
durent leur prouvent qu'ils ont mal fait. Je
n'ignore point le thème que tout le monde récite
aujourd'hui par cœur, que les Américains sont
devenus chrétiens par l'entraînement de la
persuasion, et que les violences qu'on a exer-
cées sur les Grecs les ont empêchés de se faire

mahométans; tant il est vrai qu'il suffit de répéter souvent une absurdité pour la faire passer comme article de foi.

Malgré ce que j'ai pu dire, je déclare que je m'intéresse vivement au sort de l'antique patrie de Thémistocle et de Démosthène; que je serois prêt à servir de ma personne la cause de leurs descendans; mais, en qualité d'écrivain, je dois soutenir les principes. Si les Grecs ont le droit de chercher à reprendre le pays que leurs ancêtres possédèrent, les Turcs l'ont également de défendre les biens que leurs pères leur ont transmis. C'est une affaire à vider entre eux; l'Europe, guidée par des sentimens d'humanité, ne devra le secours de sa médiation aux plus foibles que lorsqu'ils la solliciteront.

Tout en proclamant la légitimité du roi d'Espagne sur les États insurrectionnés d'Amérique, et condamnant leur désobéissance, il est juste néanmoins d'avoir égard aux circonstances qui ont amené leur séparation. Avant tout, je ferai remarquer que leur agglomération à la couronne d'Espagne est le fruit du plus monstrueux abus du droit de conquête qui ait jamais souillé les pages de l'histoire. Quand des potentats se disputent à main armée quelques pieds de terre situés sur les confins de leurs royaumes, desquels ils revendiquent réciproquement la souveraineté, Thémis se voile en gémissant, et l'artillerie la mieux fournie, donnant gain de cause à l'un des champions, fait passer une ville, une province sous son autorité; la raison et l'humanité outragées ne tardent pas à se consoler, vu que le voisinage du peuple réuni à l'autre lui donnoit déjà à peu près le même langage et les mêmes habitudes, de manière que ce changement n'en apporte guère dans sa situation. Mais qu'une grande puissance arme quelques vaisseaux, traverse les mers pour aller porter le fer et le feu dans un autre monde, chez des nations innocentes et paisibles; qu'elle ravage le pays, abolisse les lois, proscrive la religion, égorge ou enchaîne les princes, et réduise les citoyens dans l'esclavage, c'est une atrocité telle que je ne trouve point d'épithète pour la qualifier. Je sais que nous avons chanté et ennobli cet affreux brigandage; mais la morale et la justice le réprouvent. Je somme tous les Français de me dire si demain il arrivoit sur nos plages, comme un météore-tombé du ciel, un peuple possédant le secret d'un procédé exterminateur supérieur aux nôtres, nous subjuguât, croirions-nous faire une action criminelle en faisant usage à notre tour des avantages que nous aurions sur nos oppresseurs pour les refouler vers l'Océan qui les auroit vomis? Je pense n'avoir pas besoin d'attendre une réponse pour décider la négative. Les Espagnols ne s'enorgueillissent-ils pas d'avoir expulsé les Maures de leur pays? Or, proclamer ou décliner les principes de l'éternelle équité, suivant qu'ils nous sont favorables ou nuisibles, c'est déclarer qu'il n'y a de bien que ce qui s'accorde avec notre intérêt personnel.

Combien j'admire cet illustre empereur de Russie, quand je le vois se borner à captiver l'amitié des nations que ses navigateurs ont découvertes au milieu des mers qui bordent son vaste empire! Il est très-licite sans doute qu'un peuple use envers un autre de la supériorité de ses facultés intellectuelles ou des connoissances qu'il a acquises pour le faire servir à sa fortune et à ses plaisirs, mais en n'employant jamais que les moyens du besoin que les hommes ont mutuellement les uns des autres.

Si les Américains furent incorporés à l'Espagne par un horrible abus du droit de conquête, les circonstances qui les ont mis dans la nécessité de s'en affranchir militent également en leur faveur; elles ne permettent point de les confondre avec ces infâmes conspirateurs qui calculent froidement la destruction du trône et le bouleversement de leur patrie. En apprenant l'envahissement de la métropole et la captivité de leur roi, ils n'hésitèrent point à se refuser de recevoir la loi du guerrier farouche qui les méconnoissoit toutes, et durent s'organiser un gouvernement.

Au bout de sept années de détention, les chaînes de Ferdinand VII furent brisées; mais pendant cet intervalle, les Américains s'étoient convaincus qu'ils pouvoient se suffire à euxmêmes, tant pour l'administration intérieure que pour leur entretien particulier. Par une fatalité dont le déplorable exemple ne se reproduit que trop souvent, le conseil de ce monarque fut composé d'hommes imbus de vieilles théories, incapables d'apprécier la marche du temps et le changement qui s'étoit opéré dans l'esprit des peuples des deux Espagnes; ils ne comprirent pas qu'une nation qui avoit pu mépriser impunément la colère de l'oppresseur du monde, et se constituer dans un état d'indépendance par un mode de gouvernement approprié à ses besoins, ne voudroit point retomber sous le joug humiliant des lois d'exception, et qu'il n'étoit plus en leur pouvoir de la contraindre à les subir. Ils s'obstinèrent à fermer les yeux à la lumière ; ils crurent qu'il leur seroit facile de gouverner comme par le passé ; l'expérience a prouvé qu'ils étoient dans l'erreur ; sans notre intervention, la solution seroit complète. Chose inouïe ! c'est qu'il y ait des hommes d'Etat qui en rêvent encore la possibilité ! L'esprit humain est, ainsi que le corps, sujet à des maladies incurables.

Pour démontrer l'excellence de l'ancien système, que le cabinet espagnol paroît vouloir continuer, je m'abstiendrai d'opposer des phrases aux argumens de ses partisans; je les prierai de jeter un coup d'œil en arrière, de considérer ce qu'étoit l'Espagne comparativement avec la France il y a deux siècles, et ce qu'elle est aujourd'hui. Je les engagerai d'y aller faire un voyage : ils verront les deux tiers de son territoire incultes, des plaines immenses où leurs regards se retourneront en tout sens sans découvrir une habitation; ils trouveront sans cesse des ruines, des hameaux abandonnés, des villes entières tombant de vétusté ; ils sauront que le trésor royal est vide, que la noblesse, quoique possédant beaucoup de biens-fonds, est pauvre et endettée; enfin que le clergé n'est riche que par rapport au dénûment où sont les autres classes de la société. Ils me diront ensuite s'ils croient que ce soit là le fruit d'une bonne administration, et s'il faudroit avoir un génie extraordinaire pour en combiner une meilleure.

Je ne suis pas assez initié dans les secrets de la politique pour juger de la sincérité des propositions que les Américains firent à la cour de Madrid de rentrer sous son autorité, moyennant quelques concessions de sa part; ce qu'il y a de certain, c'est que le ministère n'en voulut écouter aucune; et, tandis que des projets de négociation d'un côté et des ordres absolus de l'autre se sont croisés sur l'Océan, les troupes espagnoles destinées à les soumettre se soulevèrent, et la révolution éclata. Cet événement fit de nouveau sentir aux Américains la nécessité de consolider le gouvernement qu'ils s'étoient donné, prévoyant qu'ils n'avoient rien d'équitable à espérer de la mère-patrie; néanmoins, ils continuèrent à lui envoyer des propositions conciliatrices, en même temps qu'ils battoient les armées qu'elle leur opposoit.

Aujourd'hui Ferdinand VII est remonté sur

le trône ; mais son conseil n'a point modifié ses premières idées relativement à ses peuples d'outre-mer ; ceux-ci savent qu'ils peuvent demeurer indépendans, malgré les efforts que ses ennemis voudroient tenter. Ils ont connu les avantages des institutions dont ils jouissent depuis quinze ans, et tous ceux qu'elles leur promettent pour l'avenir ; ils s'y sont irrévocablement attachés.

L'Angleterre, comme à son ordinaire, a constamment suivi la marche des événemens ; elle les a jugés avec ce tact exquis qui la distingue. Son commerce, qui est la base de ses richesses, souffroit de la fausse politique de l'Espagne ; celui du Nouveau-Monde languissoit, il n'étoit exploité que par les Etats-Unis et par des trafiquans *marrons* qui naviguoient sous des pavillons neutres. Le gouvernement anglais a fait pendant long-temps le sacrifice de ses plus chers intérêts, il a résisté aux sollicitations de ses compatriotes qui le pressoient d'ouvrir à leur industrie les ports des Etats Trans-atlantiques. Enfin il a pu se convaincre que le ministère espagnol s'enfonçoit tous les jours dans l'abîme des révolutions, et précipitoit la ruine de son pays ; il a vu que le nôtre, qui, à cause des liens du sang

qui unissent les deux familles royales, et
des services éminens que l'armée française
venoit de lui rendre, étoit appelé à le diriger,
étoit incapable de la moindre conception de
haute politique; que ses talens ne s'étendoient
pas plus loin que l'intrigue des salons et l'a-
giotage. Que devoit faire, en pareil cas, le
ministère anglais? Devoit-il se rappetisser au
niveau du nôtre, imiter son inertie, ou che-
miner avec lui à pas de tortue? Devoit-il
étouffer le génie de sa nation, comprimer
son activité, rester sourd à ses plaintes, com-
promettre sa prospérité? Non, certes, il a
conclu des traités de commerce avec les Etats
du Sud, dont la stabilité lui présentoit des
garanties suffisantes. Il a bien fait, je l'en féli-
cite *. Je vois avec peine que des écrivains se
livrent à leur mauvaise humeur contre lui,
parce qu'il saisit toutes les occasions favorables
pour étendre les relations commerciales de sa

* Je ne me fais pourtant pas illusion : l'Angleterre, en agissant ainsi, subit la nécessité de la position où elle s'est placée ;
elle se prépare peut-être de très-grands malheurs pour l'avenir.
Après la pacification du continent, elle auroit dû resserrer les
bases du système ruineux que sa guerre contre Buonaparte l'a-
voit forcée d'élargir : bientôt le marché du monde entier, se
pourvoyant de ses productions industrielles, ne sauroit encore
satisfaire à ses besoins.

patrie. Il appartient à tous les honnêtes gens d'estimer l'homme public qui remplit loyalement ses devoirs. Depuis environ soixante ans, l'Angleterre profite, pour s'enrichir, de notre indifférence et de nos sottises ; à qui la faute ? Manque-t-il à la France des ressources en tous genres pour lutter avec sa rivale ? Non ; sans doute, ce sont des hommes d'État habiles et désintéressés qu'il nous faudroit.

On prétend que le cab'net de Saint-James vient d'enfreindre les principes de la légitimité : à la rigueur cela peut être vrai ; mais, n'est-il pas admis en point de droit que le pouvoir légal peut y déroger d'après des motifs d'intérêt public ? Le dogme de la légitimité est à jamais inaltérable à l'égard des sujets envers leur prince, des citoyens envers la constitution qui les régit, vu que le peuple n'est pas un pouvoir. Pour ce qui est des gouvernemens, quoiqu'ayant réciproquement des obligations à remplir les uns vis-à-vis des autres, il est susceptible de modifications, d'abord parce qu'ils procèdent chacun en particulier avec le caractère légal qui manque aux premiers ; ensuite que leurs intérêts sont distincts, au lieu que ceux d'un peuple avec son prince sont indivisibles. Ainsi donc, si nul gouvernement ne peut, en aucun cas, méconnoître les droits de ses voisins, ni envahir leur territoire, sans avoir préalablement rempli les formalités voulues par le code qui sert de sauvegarde aux nations civilisées, il lui est toujours loisible de travailler isolément à ses propres intérêts, sans s'informer si d'autres ignorent ou négligent les leurs.

Tel est le cas où se trouve l'Angleterre par le traité de commerce qu'elle vient de stipuler avec les Etats du Sud de l'Amérique. Elle a jugé à propos de ne plus différer à exercer un droit qui lui est acquis dans tout état de choses, permis à l'Espagne et à la France de retarder d'en faire usage, autant que bon leur semblera. Je pense qu'elle ne s'est point écartée de la ligne de ses devoirs : elle ne s'est point engagée à soutenir les Américains contre la métropole, ni d'empêcher celle-ci de faire valoir ses justes prétentions. On m'objectera qu'elle semble par là justifier leur rébellion et les encourager à y persévérer. Eh! mon Dieu, ils ont assez prouvé qu'ils n'ont pas besoin de stimulans, ni de conseils. En admettant que cette démarche fût préjudiciable à l'Espagne, ce que je nie ; car, pour son bonheur, j'approuve d'avance toutes les mesures qui pourront contribuer à lui ravir l'espoir qu'elle nourrit et qui lui a été si fatal. A-t-elle le droit, en dédaignant les leçons de l'expérience, en continuant une politique mal entendue, de nuire aux intérêts des autres ? Si elle a dans son sein des ressources suffisantes pour subsister, l'Angleterre peut ne pas être dans une position aussi satisfaisante, et si elle vouloit se perdre, quelle nécessité y auroit-il qu'on la suivît dans l'abîme ?

Bien des personnes s'imaginent que la Sainte-Alliance va prendre fait et cause dans cette affaire, je ne le crois point ; les puissances du Nord ne sont point destinées à faire le commerce du Nouveau-Monde ; elles ne retireroient aucun profit à ce qu'il fût abandonné à des aventuriers, il leur en reviendra quelque chose, étant exploité par l'Angleterre, leur prospérité se trouvant liée à la sienne. L'Espagne, et particulièrement la France, en seront lésées, attendu que plus tard elles ne seront pas traitées aussi favorablement que leur rivale ; mais encore une fois, à qui la faute ? Pourquoi ne l'avoir point dévancée, ou agi de concert avec elle ? On croit peut-être que les cabinets de Madrid et des Tuileries vont se réunir pour demander satisfaction à celui de Saint-James, ou l'obliger d'annuler le traité qu'il vient de couclure ; M. Canning est fort tranquille là dessus ; il connoît la *force* de ses adversaires. Déjà les journaux, organes de nos ministres, prennent soin de nous rassurer sur la crainte d'une rupture : ils n'approuvent ni ne blâment la démarche des Anglais ; c'est dans l'ordre ; le génie de leurs patrons est de n'avancer ni de reculer. Au reste, c'est qu'après tout ils ne sont pas méchans ; ils n'en veulent pas plus à l'Angleterre qu'à la Russie, à la Prusse qu'à l'Autriche, c'est aux contribuables, aux rentiers, aux malheureux pères de famille qui jouent à la Bourse qu'ils en veulent : voilà les ennemis de leur choix ; s'ils en ont d'autres, tels ; par exemple, que tout ce qu'il y a en France d'hommes justes, sincères, incorruptibles, ils n'en sont pas la cause, c'est l'ordre de la nature qui a voulu qu'ils formassent entre eux deux élémens incompatibles : ainsi le feu se sépara de l'eau à l'instant que Dieu donna la vie au chaos. Notre président du conseil surtout a prouvé dans plusieurs occasions qu'il étoit d'un caractère pacifique : s'il est à la tête d'une guerre diplomatique très-active, le champ de bataille est tout dans l'intérieur de son palais, et l'on n'a jamais recours au glaive de Mars pour trancher les difficultés ; les faveurs de Plutus raccommodent toujours les parties belligérantes.

Au milieu de la discussion qui agite les esprits, une vérité importante domine, celle des avantages incalculables qui résulteroient pour l'Europe si le sort des possessions espagnoles de l'Amérique étoit intimement lié au sien, et du préjudice qu'elle en éprouvera si elle laisse échapper le moment propice qui lui est offert pour cimenter cette union.

Argumenter éternellement sur les principes, quand on n'est point en état de les faire prévaloir, est une chose inutile ; employer la force pour avoir une partie d'un tout qu'on pourroit obtenir par la raison, seroit une maladresse impardonnable.

Il est certain qu'il est impossible à l'Espagne de reconquérir l'Amérique, de même qu'elle ne seroit point capable de la conserver, si les puissances européennes se coalisoient pour la lui soumettre ; car, à moins de prendre plaisir à s'aveugler, il ne sauroit entrer dans la pensée de personne qu'une nation de neuf, ou dix millions d'habitans, sans argent, sans crédit, en proie aux fureurs des factions qui s'observent et brûlent de s'entre-déchirer, puisse disposer d'une masse de soldats assez considérable pour contenir une population supérieure en nombre, qui depuis quinze ans a su, les armes à la main, se constituer indépendante. Mais en supposant que cela fût possible, quel en seroit le résultat ? Que l'Europe auroit sacrifié ses trésors et ses troupes dans cette expédition lointaine et des climats brûlans, ravagé de riches contrées, immolé, poussé au désespoir des peuples qui n'aspirent qu'à vivre en paix ; pourquoi ? Pour achever de replonger les Espagnols dans l'engourdissement et la fainéantise, augmenter la pépinière de ses mendians et de ses voleurs de grandes routes ? Il y en a déjà bien assez. Qu'elle se contente de leur apprendre le conte de ce bon père qui, en mourant, disoit à ses enfans qu'un trésor étoit caché dans son verger, qu'ils n'avoient qu'à le chercher et qu'ils le trouveroient indubitablement. Que les Espagnols cultivent leur territoire, il leur rapportera dix fois plus que les mines du Pérou. Ce n'est pas de l'or qu'il faut à une nation pour qu'elle soit riche, c'est l'amour du travail.

Il me semble qu'il y auroit un moyen fort simple d'arranger cette affaire à la satisfaction de tout le monde, ce seroit que tous les cabinets de l'Europe, le nôtre en tête, agissent de concert afin d'amener l'Espagne à diviser ses possessions d'Amérique en plusieurs portions ; elle en conserveroit une pour elle, et céderoit les autres aux puissances les plus influentes ; chacune d'elles formeroit de sa portion un royaume indépendant, et placeroit sur le trône un prince de sa nation, qui le gouverneroit par des lois appropriées aux mœurs des habitans et aux ressources du pays. Je ne doute nullement que les Américains n'acceptassent avec plaisir un roi qui, en arrivant, leur répéteroit ces paroles sorties d'une bouche auguste : « *Rien n'est changé,* » *il n'y a qu'un citoyen de plus.* » Je viens vous apporter la paix, vous assurer un rang parmi les nations du monde, maintenir à chacun sa fortune et sa consistance sociale. Pense-t-on qu'il y en eût un seul qui ne sentît le prix d'un tel bienfait? que ceux-là même qui se sont emparés de l'autorité suprême, refuseroient l'offre qui leur seroit faite de prendre place après un roi, issu du sang d'un des plus grands monarques de la terre? cela n'est pas à supposer.

Voyons maintenant les obstacles que ce

projet pourroit rencontrer du côté des puissances européennes. Il n'est pas permis, dira-
t-on, au roi d'Espagne de démembrer l'héritage de ses pères : pourquoi pas, alors
que l'impérieuse nécessité en fait une loi?
Ferdinand VII a à cœur le bonheur de ses
sujets, autant que celui de sa famille ; il fera
tout ce que ses alliés lui conseilleront, aussitôt
qu'on lui en aura démontré l'utilité générale.
Est-il si rare de voir un souverain se dessaisir
d'une partie de ses États pour conserver
l'autre ? Il fera par raison ce qu'on fait or-
dinairement par force. Je présume bien qu'il
seroit circonvenu, qu'on chercheroit à l'en
détourner, en lui persuadant qu'il est facile de
tout reconquérir. Je sais qu'il y a des personnes
toujours prêtes à sacrifier le bien-être de
leur pays à un fol entêtement, ou qu'elles ne
savent apercevoir le mal que lorsqu'il n'est
plus temps d'y remédier.

Pourtant il est certain que l'Espagne ga-
gneroit le plus à cet arrangement. Aujour-
d'hui elle achève de s'épuiser en soldats et en
argent pour tenter des entreprises qui n'abou-
tiront qu'à montrer sa foiblesse aux peuples
d'outre-mer, qui sont encore soumis à son autorité, et qui en profiteront pour s'y sous-

traire. Je crains que dans peu elle ne possède plus un pouce de terre au-delà des colonnes d'Hercule. Différemment, il lui resteroit assez de colonies pour exercer sa marine, et faire le commerce qui lui est nécessaire, mais pas trop pour laisser végéter la nation dans cet état d'abrutissement qui la ravale. La paix extérieure dont elle jouiroit immédiatement, lui permettroit de fixer toute son attention sur les améliorations que son intérieur réclame : j'ai la conviction qu'en confiant la direction de ses affaires à un ministre qui auroit du talent et quelque élévation dans l'âme, elle pourroit s'organiser un système d'administration qui la conduiroit bientôt à rivaliser avec les nations les plus florissantes. Pour opérer un tel prodige, il suffiroit de vouloir le bien et de savoir le connoître; être assez fort pour sortir d'une mauvaise route, et s'élancer dans celle du salut, éloigner de soi l'intrigue qui vous assiége, et tendre la main au mérite qui voudroit vous aider dans l'exécution de cette noble entreprise, abandonner les vieilles théories et celles qui, généralement bonnes et vraies, produisent cependant un effet contraire, selon les cas auxquels on les applique.

On doit supposer que l'Angleterre, qui vient de s'assurer le monopole du commerce de ces nouveaux Etats, n'y consentiroit point. En premier lieu, je suis d'avis que toutes les fois que les puissances du continent lui demanderont une chose juste, elles l'obtiendront puisqu'il est en leur pouvoir de l'y contraindre. On est bien fort quand on combat ayant la raison pour soi, et qu'on a la ferme volonté de la faire triompher. Ensuite, il faut observer que l'état d'instabilité et de guerre où se trouve l'Amérique, en l'empêchant encore long-temps d'atteindre le degré de prospérité dont elle est susceptible, son commerce, quoiqu'exploité sans partage, sera moins productif à l'Angleterre que si l'ordre de choses que j'indique venoit à s'effectuer; car l'étendue et l'activité de son industrie, ainsi que la supériorité de ses manufactures, lui assureroient toujours une préférence marquée sur ses concurrens.

Que l'on daigne réfléchir un moment à tous les avantages que procureroit à l'Europe son union intime avec cette partie du globe! union qui seroit incessamment cimentée par des alliances entre les membres des familles régnantes des deux Mondes. Le goût du luxe et des plaisirs que la cour introduiroit parmi ces

peuples occasionneroit tout à coup un débou-
ché considérable à nos produits en tous genres,
et le commerce avec ces pays seroit aussi actif
et s'opéreroit avec autant de facilité que celui
qui se fait de Paris à Bruxelles ou de Londres
à Paris.

Si malheureusement une politique étroite,
mal entendue, s'obstine à fermer les yeux sur
tant de bienfaits, le mouvement de l'univers
n'en suivra pas moins son cours naturel ; les
décrets de la Providence s'accompliront tout
de même, et nous aurons la honte de n'avoir
pas su profiter des chances favorables qu'elle
nous présentoit. Les Américains, en consom-
mant de leurs propres mains, à travers les
nombreuses difficultés qu'on leur suscite,
l'œuvre de leur émancipation, s'accoutume-
ront à regarder les puissances de l'Europe
comme leurs ennemies ; ils contracteront pour
elles une antipathie invincible, et adopteront
un système qui leur sera funeste ; celles-ci,
agissant séparément, chercheront, plus tôt ou
plus tard, suivant l'imprévoyance de leurs
hommes d'Etat, à lier des traités avec eux ;
mais le bon moment sera passé : ils dicteront
les conditions, tandis qu'on auroit pu les leur
imposer. Le commerce qu'ils feront avec nous

tournera entièrement à leur profit, à cause de
la fertilité de leur territoire, du besoin que
nous nous sommes fait de leurs productions,
et de la mollesse qui se glisse parmi nous sans
que nous nous en apercevions ; alors qu'eux,
sobres, vigoureux, se livreront au travail avec
une ardeur infatigable, en sorte qu'ils nous
aspireront peu à peu ce numéraire qui nous
est devenu si indispensable pour satisfaire le
goût de toutes les passions effrénées qui nous
possèdent.

Je persiste à croire que ce projet est d'une
exécution aussi facile qu'il est d'un intérêt
général ; mais comme notre ministère devroit
être le pivot sur lequel tourneroit cette grande
opération, je suppose que nous en aurions un
différent en tout de celui qui pèse sur nous
depuis deux ans : je ne parle point de l'autre
période de son existence, elle n'a pas été sans
utilité. Il a suffi à des hommes dévoués à la
monarchie de ne point vouloir le mal pour
nous arracher à cette cruelle anxiété où nous
avoit plongés le spectacle effroyable de ces
conspirations toujours renouvelées, et qui auroient fini par nous ramener le règne de
l'anarchie. Ils ont prouvé cette vérité que nous
ne cessions de publier, que les Français aiment

les Bourbons, et ne désirent qu'à se reposer de leurs funestes dissensions, sous l'égide tutélaire de cette royale Famille. Ils pouvoient accomplir tout le bien que l'on attendoit d'eux ; mais bientôt, s'abandonnant à toutes les petites passions inhérentes à la médiocrité et au sordide égoïsme des âmes communes, ils s'aliénèrent ceux qui auroient pu les aider de leurs talens, et faire rejaillir sur eux une partie de l'éclat dont ils brillent ; ils out préféré s'étayer de la foiblesse au moyen de la corruption, et sont arrivés au point de ne pouvoir plus faire que le mal.

Le même sentiment qui me porte à admirer les ministres anglais de l'émulation qu'ils mettent à faire tout ce qu'ils croient devoir contribuer au bien-être de leur patrie, m'exciteroit à travailler avidement à ce qui seroit utile à la mienne, si j'étois chargé de conduire ses affaires.

Nos hommes d'Etat ne doivent jamais perdre de vue que notre voisinage avec la Grande-Bretagne, la route commune que nous sommes destinés à parcourir, en nous tenant dans un état perpétuel de rivalité, nous exposent à des froissemens d'intérêts qui doivent souvent occasionner des altercations, ensuite des guerres.

On ne peut se dissimuler qu'aujourd'hui nous ne serions point dans le cas de lutter corps à corps avec elle. Certainement que nous ne tarderions pas à y parvenir si l'on savoit faire usage de nos ressources ; mais, hélas! l'œil le le moins pénétrant voit qu'à la manière dont on s'est placé, plus nous avançons, plus nous nous éloignons du but. Je vois bien tout le mal qu'elle pourroit nous faire s'il survenoit une rupture, mais j'ignore par où il nous seroit possible de la frapper.

L'Angleterre nous enlace de toutes parts ; ses possessions dans la Méditerranée lui donnent, de fait, la domination sur tous les Etats d'Italie ; l'influence qu'elle a, ou qu'elle va obtenir sur la cour de Lisbonne, la conduira à maîtriser celle de Madrid. Du côté du Nord, son alliance intime avec le royaume des Pays-Bas lui ouvre un accès sur nos frontières : on sait combien nous nous sommes occupés à restaurer les places fortes qui en sont le rempart, alors que les Anglais ont, par la main des Belges, fait construire des boulevards inexpugnables sur la rive droite de la Dyle.

On doit sentir par là qu'il est très-urgent pour nous de chercher un point d'appui auprès des puissances continentales, de resserrer fortement les liens d'amitié qui existent, d'adopter ensemble un système général de politique. Je sais que nous vivons dans la meilleure intelligence avec elles, que si on vouloit enfreindre les traités qu'elles ont sanctionnés, on les verroit s'armer pour notre défense ; mais ce n'est point là ce dont il est question : l'Angleterre n'en veut pas plus à notre indépendance, à notre gouvernement intérieur, qu'à notre territoire ; elle vise à s'enrichir au détriment de notre industrie et de notre commerce. On doit lui rendre la justice de dire qu'elle n'en laisse jamais échapper l'occasion.

Il faut s'attendre que toutes les fois qu'il s'agira d'intérêts secondaires qui ne se rapporteront exclusivement qu'à nous et à notre rivale, celle-ci, par l'adresse de ses diplomates, aura toujours su, de longue main, disposer les cabinets du Nord à accueillir favorablement ses projets, ou à les voir avec indifférence : on peut être sûr que, lorsqu'elle les mettra à découvert, toutes ses mesures seront prises pour qu'ils n'éprouvent aucune contrariété. Mais, si on s'étoit tellement uni d'intérêts avec ces mêmes puissances, dont nous n'avons rien à craindre et tout à espérer, qu'ils ne formassent, pour ainsi dire, qu'un seul faisceau, que notre diplomatie suivît de fil en fil celle de nos rivaux, qu'elle paralysât leurs efforts, changeât la direction qu'ils voudroient imprimer aux esprits, ils se verroient contraints de venir compter avec nous et de nous laisser notre part dans les grandes opérations politiques et commerciales qu'ils entreprendroient.

Quand, par l'excès de la civilisation et du luxe, une nation est malheureusement parvenue à ne pouvoir se soutenir qu'en allant chercher au dehors des moyens d'existence, que l'exercice du commerce lui est devenu indispensable, il faut au moins savoir tirer parti de sa position et satisfaire au besoin présent, en attendant que le temps vous ait mis à même de la changer.

M. Canning a dit qu'il n'y avoit que le commerce qui pût élever les peuples au dernier degré de splendeur, il n'a point dit quelle étoit la durée d'existence qu'il leur promet. S'il vouloit compulser l'histoire, il trouveroit que les exemples ne sont pas en faveur de son assertion, si toutefois il n'a point l'intention d'appliquer aux nations ce proverbe trivial dont les dissipateurs se servent pour exprimer le peu de cas qu'ils font du temps : *courte et bonne*. De nos jours, la Hollande a failli être effacée du rang des nations, Gènes est réunie au royaume de Sardaigne, Venise qui jadis se défendit avec succès tour à tour contre l'empire Ottoman, la France et l'Autriche, n'est plus qu'une ville du second ordre de cette dernière, qui cependant n'a point de comptoir aux Indes, ni en Amérique; en revanche elle a dans son intérieur beaucoup de cultivateurs et des forgerons en quantité. Fasse le Ciel que la patrie de M. Canning n'ait pas à souffrir la moitié des désastres que l'Autriche a supportés dans les guerres passées! je doute qu'elle en sortît avec le même bonheur. Je me persuade que depuis la restauration il s'est présenté plusieurs occasions de forcer l'Angleterre à remettre les îles Ioniennes et de Malte dans l'état où elles étoient avant la révolution; je n'entends pas dire que ce fût par la force des armes, mais par celle que les circonstances font naître, ou que l'on sait habilement préparer. Les côtes de la Méditerranée, une fois affranchies de son patronage, retomberoient naturellement dans le nôtre.

Quant à l'Espagne, il ne falloit qu'un peu de loyauté pour l'amener à se donner un mode de gouvernement qui l'eût préservée de nouveaux déchiremens, et mise à même de développer les immenses richesses qu'elle renferme dans son sein. Un écrivain qui paroît être bien informé assure, et je le crois sans peine, que Ferdinand VII accueilleroit, à cet égard, tout ce que la France lui proposeroit de raisonnable pour le bonheur de ses peuples. Dès lors, elle pourroit non seulement nous rembourser les frais de notre expédition, mais encore nous prêter l'appui d'une utile alliance; celle du Portugal en est inséparable.

Ils sont bien coupables les ministres qui, au lieu de travailler à réaliser de si belles choses, ont abusé de l'influence que nous avions acquise auprès de ce monarque pour tâcher de le faire souscrire à des mesures de finances qui eussent blessé les principes de la légitimité et compromis la stabilité des trônes; ils le sont surtout de nous avoir fait perdre l'estime et la confiance des Espagnols, en employant l'insulte et la violence envers leur souverain, afin de lui arracher quelques millions qu'il croyoit ne pas devoir. Cette conduite, jointe à celle qu'ils ont tenue avant la guerre qu'ils s'obstinoient à ne point vouloir faire, auroit, sous tous les gouvernemens possibles, absolus comme représentatifs, renversé le ministère le mieux ancré ; le nôtre est resté debout. Que l'on dise après que l'homme qui a sous sa main toutes les caisses du trésor royal n'a point de génie !

Où en serions-nous, grand Dieu ! sans l'esprit de vertige dont les chefs des révolutionnaires espagnols étoient frappés, si le démon qui les possédoit leur eût laissé un seul instant la faculté de réfléchir, de connoître leurs véritables intérêts, d'écouter notre ministère qui les supplioit d'être un peu moins furieux, de laisser plus de jeu aux chaînes de leur roi, de suspendre la spoliation et l'assassinat ? A ces conditions, il leur donnoit carte blanche pour le reste, et s'engageoit de les excuser auprès de la Sainte-Alliance. Notre bon ange l'a encore emporté cette fois ; les hommes d'Etat de Saint-Pétersbourg, de Vienne et de Berlin, ont vu le danger : ils ont décidé la guerre, et nous ont sommés de la faire. Grâces leur soient rendues ! c'est à leur sage prévoyance que nous devons l'insigne bienfait que notre auguste prince généralissime ait pu, aux yeux du monde entier, faire briller l'éclat de sa gloire, de ses talens et du courage héroïque qui est un des plus beaux apanages de son illustre famille : des soupçons injurieux ont cessé de planer sur notre brave et fidèle armée; la France ne tremble plus pour la sécurité du trône légitime, ni pour son repos.

Je ne reproduirai point ici la nomenclature des reproches qu'on a adressés aux ministres pour accuser leur incapacité, leur mauvaise foi, ainsi que pour vouer au mépris le système de corruption qu'ils emploient, et qui tend à dénaturer le caractère français; cette tâche a été remplie beaucoup mieux que je ne pourrois le faire. Mais je me sens pénétré d'effroi lorsque, malgré tant de justes griefs qui les condamnent, je nous entends menacer d'une majorité imposante qui leur seroit assurée aux deux Chambres. Espérons qu'il n'en sera rien ; au cas contraire, je me propose de signaler les vices qui se sont introduits dans l'administration, et d'en faire pressentir les funestes conséquences. Si depuis vingt années j'ai eu la satisfaction de voir réaliser mes prédictions sur tous les grands événemens qui ont eu lieu (il m'est facile de prouver ce que j'avance), cette fois je désirerois me tromper.